Die Klugheit ist weiblich

Ernst Günter Tange

Zitatenschatz für Frauen

Die Klugheit ist weiblich

Illustriert von Birgit Tanck

Eichborn.

© Vito von Eichborn GmbH & Co. Verlag KG,
Frankfurt am Main, Januar 1997
Umschlaggestaltung: Christina Hucke
Satz und Lithografie: Fuldaer Verlagsanstalt GmbH
Druck und Bindung:Wiener Verlag, Himberg
ISBN 3-8218-3459-5

Verlagsverzeichnis schickt gern:
Eichborn Verlag, Kaiserstraße 66, D-60329 Frankfurt/Main

INHALT

Vorwort 7

Frauen-Graffiti 10

Be- und Erkenntnisse 13

Was ist eine Frau? 22

Die Freuden einer Frau 23

Die emanzipierte Frau 25

Die kluge Frau 29

Die Karriere-Frau 32

Die schöne Frau 34

Die modebewußte Frau 37

Die Hausfrau 42

Was Frauen von Männern unterscheidet 45

Das Verhältnis der Frauen zu Männern 49

Das Verhältnis der Frauen zu Frauen 54

Mutter und Kind 55

Männer 57

Sex 61

Die verliebte Frau	64
Der Heiratsantrag	66
Liebe	67
Ehe	71
Scheidung	77
Das Alter der Frau	78
Nach-Worte	80

VORWORT

Die Vorzeichen eines Endes weiblicher Sklaverei und der politischen Ohnmacht der Frauen sind unübersehbar. Es ist nicht auszuschließen, daß demnächst so manche von den Männern selbst gelegte Sexbombe auf ihrem ureigensten Terrain explodieren wird. Dann aber werden die Vertreter des ach so starken Geschlechts große Augen machen und sich fragen, ob sie wachen oder träumen. Die Zukunft hat bereits begonnen.

Einige Randbemerkungen zur Situation in den vergangenen hundert Jahren seien hier noch gestattet. Im hervorragenden Meyerschen Konversationslexikon von 1894

steht im Abschnitt über die politische Gleichstellung der Frau lapidar: »Dem Mann der Staat, der Frau die Familie!« Das ist nun knappe hundert Jahre her. Einen Stichwortartikel »Frau« sucht man dort im übrigen vergeblich. Es gibt nur den Verweis: »Frau: siehe Weib«. Sehr bezeichnend für die Situation der Frauen. Vor allem aber bezeichnend für das Bild der Männer von der Rolle der Frau. »Weib« ist im Gegensatz zum Begriff »Frau« der männerbestimmte, sexualisierte Ausdruck, der soviel heißt wie weiblich-gemütvoll- anschmiegsam. Auf der männlichen Seite entspricht diesem Wort »Kerl«. Man stelle sich einmal vor, in

jenem Lexikon träfe man unter dem Stichwort »Mann« auf den Verweis »siehe Kerl«. Der Brockhaus der damaligen Zeit ist etwas frauenfreundlicher, denn er kennt immerhin die Rubrik »Frauen« bereits, aber vorerst nur im Plural, als Herdenvieh sozusagen. Das Stichwort »Männer« sucht man hingegen vergeblich. Hier heißt es prägnant und selbstbewußt »Mann«.

Es gibt zahllose Theorien über die Ursachen der geschlechterspezifischen Rollenverteilung. Schlitzohrig haben sich die Männer dabei immer wieder vor allem auf die Gebärfunktion und die geringeren Körperkräfte der Frauen berufen, um die Zurücksetzung in Politik, Militär und Geschäftsleben zu rechtfertigen. Mittlerweile hat sich diese Argumentation reichlich ad absurdum geführt, auch wenn frau (hier muß es nun doch mal sein!) immer wieder auf Vertreter der anderen Spezies trifft, die sich nicht entblöden, in die alten Argumentationsmuster zurückzufallen.

Ein Trost ist das vielleicht nicht, aber es ist angesichts von soviel Ignoranz beruhigend zu wissen: die Klugheit ist weiblich.

FRAUEN-Graffiti

Alle Männer sind gleich – mir jedenfalls.

Männer kennen das ganze Alphabet unserer Gefühle – von A bis B.

Männer kennen Probleme für jede Lösung.

Die Ehe ist ein Glücksspiel: Kopf – er gewinnt. Zahl – du verlierst.

Jede Liebesbeziehung besteht aus Geben und Nehmen: Du gibst – er nimmt.

Woran erkennst du, daß ein Mann lügt? Schau einfach hin, ob er die Lippen bewegt.

Die Männer sind auch nicht mehr das, was sie nie gewesen sind.

Natürlich ist niemand vollkommen – außer Gott, wenn sie existiert.

Gott muß von Adam sehr enttäuscht gewesen sein, er hat Eva so anders gemacht!

Wenn ich ihn sehe, werden mir jedesmal die Knie weich. Ist das Liebe? Oder Angst?

Männer sind unbestechlich – sie nehmen nicht einmal Vernunft an.

Wenn man's recht bedenkt, ist ein Mann lediglich das Ergebnis eines verkrüppelten Chromosoms.

Männer sind Menschen, bei denen Pubertät und Midlife Crisis ineinander übergehen.

Mein Mann und ich mögen dieselben Dinge, bloß hat er zwölf Jahre gebraucht, bis er das kapierte.

Ein Mann braucht eine Frau, weil irgendwann ja doch einmal etwas passiert, für das er die Politiker nicht verantwortlich machen kann.

Früher machte er mir den Hof, heute mache ich ihm das Bett.

Daß Männer gescheiter sind als Frauen, ist klar. Genauso klar ist, daß die Erde eine Scheibe ist.

Männer sind Waschlappen, die von Frauen mit vollem Recht ausgewrungen werden.

Männern und Straßenbahnen sollte man nie hinterherlaufen; es kommen immer wieder neue.

Küssen ist die angenehmste Methode, Männern den Mund zu stopfen.

Nimm die Männer, wie sie sind. Es gibt keine anderen.

Jungs sind Luft für mich, aber ohne Luft kann ich nicht leben.

Natürlich hat Gott den Mann vor der Frau erschaffen. Schließlich macht jeder Künstler zuerst einen Rohentwurf, bevor er das eigentliche Meisterwerk schafft.

Ohne den kleinen Unterschied macht die ganze Gleichheit keinen Spaß.

Widersprich nie einem Mann: warte einen Augenblick, dann tut er es selbst.

Wenn ein Mann gewohnt ist, mit der Faust auf den Tisch zu schlagen, helfen dagegen am besten Reißzwecken.

BE- UND Erkenntnisse

Wir Frauen verlieben uns immer in den gleichen Typ von Mann. Das ist unsere Form von Monogamie. *Lauren Bacall*

Mit dreißig ist man gerade alt genug, um zu wissen, was man tut. Und noch jung genug, um es trotzdem zu tun. *Brigitte Bardot*

Ich mag männliche Gesellschaft, aber sie muß ja nicht immer gleich in Ehe ausarten. *Jacqueline Bisset*

Ich liebe die Männer, diese verdammten kleinen Biester, ohne die ich nun einmal nicht leben kann. *Linda Christian*

Mein letzter Tag in Hollywood ist der Tag, an dem der Liftboy im Studio nicht mehr rot wird, wenn er mit mir allein ist. *Joan Collins*

Seitdem mich die Nonnen in der Klosterschule vor Männern gewarnt haben, die mir Brillantencolliers im Austausch für meine Tugend anbieten würden, warte ich vergeblich auf ein solches Angebot. *Sarah Cullen*

Wenn ich mein Leben noch einmal leben könnte, würde ich die gleichen Fehler machen. Aber ein bißchen früher, damit ich mehr davon habe. *Marlene Dietrich*

Ich glaube nicht, daß Männer und Frauen zum Zusammenleben gemacht wurden. Sie sind grundsätzlich verschiedene Tiere. *Diana Dors*

Frauen lieben die einfachen Dinge des Lebens – beispielsweise Männer.
Farrah Fawcett

Auch die weibliche Leber hat ein Recht auf einen Rausch.
Lisa Fitz

Heiraten ist eine gute Art, Erfahrungen zu sammeln.

Ira zu Fürstenberg

Ich bin eine wunderbare Haushälterin. Jedesmal, wenn ich einen Mann verlasse, behalte ich sein Haus. *Zsa Zsa Gabor*

Es hat keinen Sinn, mit Männern zu streiten; sie haben ja doch immer unrecht.
Zsa Zsa Gabor

Ich habe niemals einen Mann so sehr gehaßt, daß ich ihm seine Brillanten zurückgegeben hätte.
Zsa Zsa Gabor

Ein Mann mit einem hohen Bankkonto kann gar nicht häßlich sein.
Zsa Zsa Gabor

Mit manchem Mann versteht man sich vor und nach der Ehe ausgezeichnet – bloß dazwischen klappt es nicht.
Zsa Zsa Gabor

Ich habe nie gesagt, ich wolle allein sein. Was ich meinte, war: ich möchte manchmal allein gelassen werden. Das ist der große Unterschied.
Greta Garbo

Ich bin nicht abergläubisch, aber es gibt Dinge, die mir kein Glück bringen, zum Beispiel Männer.
Ava Gardner

Was mich betrifft, so will ich eigentlich nur Sex von den Männern – manchmal. Ich will keine Gespräche mit ihnen, nicht ihren Rat, nicht ihre Hilfe und schon gar nicht ihr blödes Liebesgesäusel.
Germaine Greer

Ich bin arbeitswütig und liebe den Streß. In der Bademodenabteilung eines Münchner Kaufhauses bin ich zusammengebrochen, weil es dort so ruhig war.
Elke Heidenreich

Ich habe festgestellt, daß Mann und Frau einfach zu verschieden sind, um miteinander leben zu können.
Katarina Jacob

Ich selbst möchte kein Mann sein. Der Gedanke, dann eine Frau heiraten zu müssen, schreckt mich.
Irmgard Keun

Ich habe an den lieben Gott eine einzige Bitte: mach einen anständigen Menschen aus mir, aber niemals eine anständige Frau.
Ninon de Lenclos

Für mich sind die Männer die schönsten und gefährlichsten Raubtiere der Welt. Ich liebe sie, wie der Dompteur seine Tiger liebt.
Eartha Kitt

Ich kann in zwölf Sprachen nein sagen, das genügt für eine Frau.
Sofia Loren

Ich finde Bärte wunderschön: man sieht so wenig von den Gesichtern.
Anna Magnani

Ich brauche keinen Mann, um meine Existenz zu rechtfertigen. Die tiefgehendste Beziehung, die wir jemals haben werden, ist die mit uns selbst. *Shirley MacLaine*

Man muß seinen feministischen Grundsätzen treu bleiben. Ich würde niemals meinen Slip mit einer Männerunterhose an derselben Wäscheleinen trocknen. *Dorothy Mills*

Ich bin gegen Emanzipation. Durch Emanzipation verliert die Frau ihre Weiblichkeit. Was kann einer Frau Schlimmeres passieren? *Anna Moffo*

Karriere ist etwas Herrliches, aber man kann sich nicht in einer kalten Nacht an ihr wärmen. *Marilyn Monroe*

Ich habe nichts dagegen, daß unsere Welt eine Männerwelt ist, solange ich die Frau darin bin. *Marilyn Monroe*

Männer, die sich das Rauchen abgewöhnt haben, sind mir unheimlich. Vielleicht gewöhnen sie sich eines Tages auch die Liebe ab? *Jeanne Moreau*

Ich habe es gern, wenn Männer sich wie Männer benehmen. Stark und kindisch, so gefallen sie mir am besten. *Françoise Sagan*

Männer haben es schwerer als wir Frauen. Vor allem müssen sie mit uns fertig werden. *Françoise Sagan*

Liszt sagte heute zu mir, daß Gott allein es verdient, geliebt zu werden. Das mag die Wahrheit sein, doch wenn man einen Mann geliebt hat, ist es sehr schwer, Gott zu lieben. *George Sand*

Man kann anderen Leuten erklären, warum man seinen Mann geheiratet hat, aber sich selbst kann man nicht davon überzeugen.
George Sand

Ich bin unheimlich treu, wenn ich verliebt bin – jedesmal.
Maria Schell

Ich wünsche mir, daß die Männer endlich gleichberechtigt werden.
Petra Schürmann

Ich bin keine Frau, die ihr Selbstbewußtsein aus dem Schwung ihrer Augenbrauen herleitet.
Alice Schwarzer

Besser, mein Mann dreht sich nach zehn Frauen um, als eine einzige Frau nach ihm.
Nicole Platin

Mein Fitneß-Rezept: ich lasse meinen Mann kochen.
Ute Ranke-Heinemann

Eine Gesellschaft, in der ich Mensch bin und nicht in erster Linie Frau – das ist meine Utopie. *Alice Schwarzer*

Ich möchte in einem Vorstand lieber eine dumme Frau sehen als einen dummen Mann. *Alice Schwarzer*

Erfolgreich sein heißt für mich, zehn Honigmelonen zu haben und es mir leisten zu können, von jeder nur die obere Hälfte zu essen. *Barbra Streisand*

Mit der Zeit bereut man alle Sünden, die man begangen hat, und dazu einige, die man unterließ. *Liz Taylor*

Mit meinem Geburtsschein vertrage ich mich ausgezeichnet. Wenn man lange leben will, muß man eben älter werden – das ist doch ganz selbstverständlich. *Liv Ullmann*

Ich habe den Kampf gegen die Falten aufgegeben, weil nichts so viele Falten macht wie der Kampf gegen die Falten.
Liv Ullmann

Was gibt es Schöneres, als mit einem jungen Mann und einem alten Rotwein gemeinsam die Schwelle des gehobenen Niveaus zu verlassen?
Stephanie Werger

Die Ehe ist eine gute Institution, aber ich bin nicht reif für eine Institution.
Mae West

Und auf einmal verstand ich, was Lippenbekenntnisse sind: ich küßte einen Mann.
Gisela Widmer

Heiraten will ich nie wieder. Ich habe einen Freund in New York, einen zweiten in Los Angeles. Ich reise viel und gern, die beiden reisen nie, also klappt alles wunderbar.
Shelley Winters

WAS IST EINE FRAU?

Frauen: eine Mehrheit, die wie eine Minderheit behandelt wird.
Lisa Kraemer

Frauen sind wie Katzen: beide kann man nur zwingen, das zu tun, was sie selber mögen.
Colette

Grüne Witwen: Hinterbliebene von Männern, die noch leben.
Senta Berger

Junggesellin: eine Frau, die einmal zu oft nein gesagt hat.
Inge Meysel

Eine Frau soll aussehen wie ein junges Mädchen, auftreten wie eine Lady, denken wie ein Mann und arbeiten wie ein Pferd.
Caroline K. Simon

Es gibt zweierlei Frauen. Die einen glauben, daß ihr Platz in der Welt das Bett sei, die andern glauben: am Abwasch.
George Sand

Man wird erst wissen, was die Frauen sind, wenn ihnen nicht mehr vorgeschrieben wird, was sie sein sollen.
Rosa Mayreder

Es gibt zweierlei Mädchen: die einen, die Pullover stricken, und die anderen, die sie ausfüllen.
Daliah Lavi

DIE FREUDEN
einer Frau

Es gibt im Leben einer Frau vielleicht Zeiten, in denen sie nicht verliebt ist. Aber dann sollte sie wenigstens eine Affäre haben, gegen die sie ankämpft. *Jeanne Moreau*

Auch die schwächste Frau ist noch stark genug, um mehrere Männer auf den Arm zu nehmen. *Trude Hesterberg*

Das Schönste im Leben ist nicht die Erfüllung, sondern die Erwartung der Erfüllung.
Anna Magnani

Am wohlsten fühlt sich eine Frau in der Rolle der hingebenden Verteidigung.
Claire Etcherelli

Eine Frau kann tagelang von nichts anderem leben als von einem wunderbaren Kompliment.
Michèle Morgan

Wer einer Frau unvergeßlich bleiben will, braucht ihr bloß ein hübsches Kompliment zu machen.
Virna Lisi

Wir können nicht glücklich sein, solange wir nicht gelernt haben, über uns selbst zu lachen.
Dorothy Dix

Das zweitgrößte Vergnügen nach der Liebe ist: davon zu sprechen.
Louize Labé

Eine Frau braucht drei Liebhaber, um vollkommen glücklich zu sein: einen älteren für den Scheck, einen in mittleren Jahren für den Chic und einen jüngeren für den Schock.
Etienne Duclos

Für das Wohlbefinden einer Frau sind bewundernde Männerblicke wichtiger als Kalorien und Medikamente.
Françoise Sagan

Die Freude, die einer Frau ein Orgasmus verschafft, rangiert auf ihrer Wertskala weit hinter der, die ihr zum Beispiel der Besuch einer Cocktailparty bereitet oder der Kauf von einem Paar auberginefarbener Lackstiefel.
Esther Vilar

Frauen, die nur alles oder nichts gewähren, wissen nicht, was Spaß ist.
Colette

DIE EMANZIPIERTE Frau

Eine echt emanzipierte Frau braucht ihre Emanzipation nicht zu plakatieren. Die ist für sie so selbstverständlich wie Pulsschlag und Atemluft. *Giulietta Masina*

Die Emanzipation ist erst dann vollendet, wenn auch einmal eine total unfähige Frau in eine verantwortliche Position aufgerückt ist. *Agata Capiello*

Die beste Form der Emanzipation sehe ich darin, sich um das Geschlecht gar nicht zu kümmern und nur darauf zu achten, ob jemand gut oder böse, gescheit oder dumm ist, unabhängig von den Chromosomen. *Lilli Palmer*

Die Emanzipation sollte damit beginnen, daß die Männer endlich den Mund halten und uns nicht immer ins Wort fallen, wenn wir sagen, was wir denken. *Michèle Perrin*

Bei den Jacanas, einer Vogelart im Okavango-Delta in Afrika, ist die Emanzipation am weitesten fortgeschritten. Dort brüten die Männchen die Eier aus, während sich die Weibchen nach neuen Partnern umsehen. *Karen Ross*

Es ist nicht leicht, die Frau zu emanzipieren, denn der Wunsch, den Männern zu gefallen, steckt in vielen Frauen drin. *Simone de Beauvoir*

Richtig emanzipiert ist eine Frau erst dann, wenn sie einmal den Hochzeitstag vergißt. *Anonym*

Am wenigsten emanzipiert ist die deutsche Frau im Bett.
Ursula Herking

Eine emanzipierte Frau: eine, die Sex vor der Ehe und danach einen Beruf hat.
Gloria Steinem

Manchem unaufgeklärtem Mann erscheint eine Feministin als finstere Frauensperson, die mit dem Hackebeilchen in der Hand darauf aus ist, das männliche Geschlecht um den kleinen Unterschied zu bringen.
Jutta Limbach

Eine Frau, die sich für intelligent hält, verlangt die Gleichberechtigung mit dem Mann. Eine Frau, die intelligent ist, tut das nicht.
Colette

Unter Gleichberechtigung verstehen manche Männer, daß sie auch eine Freundin haben möchten, weil ihre Frau ebenfalls eine Freundin hat.
Lisa Goccioni

Die Gleichberechtigung der Geschlechter wird erst dann erreicht sein, wenn mittelmäßige Frauen hohe Ämter bekleiden.
Françoise Giroud

Die Gleichberechtigung ist eine gefährliche Sache. Vielleicht fällt es den Männern jetzt ein, alle drei Tage zum Friseur zu gehen und jeden Monat einen neuen Anzug haben zu wollen und sofort eine Szene zu machen, wenn sie das nicht bekommen. *Cynthia Wells*

Der Mann ist der Herr das Hauses; im Hause aber soll nur die Frau herrschen. *Marie von Ebner-Eschenbach*

Wenn eine Frau aus Protest den Namen ihres Mannes ablegt und ihren Mädchennamen trägt, ist das nur Selbsttäuschung, denn der Mädchenname ist ja auch der Name eines Mannes, nämlich ihres Vaters. *Maureen Milne*

Die Zigarre ist die letzte Bastion männlicher Hegemonie. Wenn die Frauen die Vorherrschaft der Männer endgültig brechen wollen, müssen sie Zigarren rauchen. *Muriel Maid*

Die meisten Männer sind der Meinung, ein Stückchen mehr Fleisch am Körper sei schon ein ausreichender Grund für allerlei Vorrechte. *Patricia King*

Die Männer würden den Frauen getrost die Weltherrschaft überlassen, wenn die Frauen zugeben würden, daß nur Männer gute Autofahrer sein können. *Jeanne Moreau*

DIE KLUGE Frau

Auch der Geist kann eine erogene Zone sein. Raquel Welch

Eine gescheite Frau hat Millionen geborener Feinde: alle dummen Männer. Marie von Ebner-Eschenbach

Man sieht sehr viele gebildete Männer mit dummen Frauen, aber kaum jemals eine gescheite Frau mit einem dummen Mann. Erica Jong

Ein intelligentes Mädchen wird sich immer bemühen, weniger zu wissen als der Mann, mit dem es sich gerade unterhält. Hildegard Knef

Männer laufen vor gescheiten Frauen davon. Intelligenz beim weiblichen Geschlecht ist ein Geburtsfehler, den man besser verbirgt. Diana Wells

Einer Frau verzeiht der Mann alles, nur nicht, daß sie klug ist.
Clea

Eine Frau, die klug genug ist, den Rat eines Mannes einzuholen, wird bestimmt nicht so dumm sein, ihn auch zu befolgen.
Elsa Maxwell

Die kluge Frau wünscht sich immer ein bißchen mehr, als ihr Mann ihr bieten kann, aber niemals so viel, daß er entmutigt wird.
Sarah Bernhardt

Eine kluge Frau, die ihre Klugheit offen zeigt, wirkt auf viele Männer wie eine rote Verkehrsampel.
Marjorie Hall

Eine kluge Frau lernt beizeiten, ihren Mann ohne Grund zu bewundern.
Margot Hielscher

Manche kluge Frau ist nur deshalb allein, weil sie es nicht verstanden hat, ihre Klugheit zu verbergen.

Daphne du Maurier

Die größte Klugheit einer klugen Frau besteht darin, ihre Klugheit nicht zu zeigen.

Virginia Woolf

Als eine Frau lesen lernte, trat die Frauenfrage in die Welt.

Marie von Ebner-Eschenbach

Es gibt keinen Mann, der den überlegenen Verstand seiner Frau erträgt, wenn sie in seinem Hause lebt.

Madame de Staël

Kein Mann ist imstande, die weibliche Vernunft zu begreifen. Deshalb gilt sie als Unvernunft.

Eleonora Duse

DIE KARRIERE-Frau

Den Aufstieg einer Frau zu einer höheren Position hemmt nicht der Chef, sondern seine Sekretärin. *Lore Lorentz*

Frauen müssen immer ein bißchen besser sein als Männer in der gleichen Situation. *Fides Krause-Brewer*

Bei den Erfolgsmenschen ist meist der Erfolg größer als die Menschlichkeit. *Daphne du Maurier*

Warum ist es für weibliche Führungskräfte so schwer, in Spitzenpositionen aufzurücken? Sie haben keine Ehefrauen, die ihnen gute Ratschläge geben. *Anonym*

Ich begreife nicht, warum man über geschäftstüchtige Frauen die Nase rümpft. Meines Wissens ist Geschäftstüchtigkeit kein sekundäres männliches Geschlechtsmerkmal.
Jane Fonda

Wenn ein Mann Karriere macht, fragt kein Mensch: und was machen Sie mit Ihren Kindern? Bei Frauen fragt man das immer. Warum eigentlich?
Senta Berger

Frauen sind gut im Verhandeln. Meistens bekommen sie das, was sie haben wollen – vor allem, weil sie nicht sagen, was das ist.
Victoria Principal

Was immer Frauen tun, sie müssen es zweimal besser tun als Männer, damit man sie für halb so gut hält. Glücklicherweise ist das nicht allzu schwer.
Charlotte Whitton

DIE SCHÖNE Frau

Wenn man schöne Beine behalten will, muß man sie von den Blicken der Männer massieren lassen.   *Marlene Dietrich*

Manche Mißstimmung von Frauen, der auch beste Psychiater nicht beizukommen vermögen, kann schon ein mittelmäßiger Friseur beseitigen.   *Mary McCarthy*

Eine Frau, die sich gehen läßt, wird ihren Mann bald gehen lassen müssen.   *Natalie Wood*

Gut zurechtgemacht fürs Ausgehen ist eine Frau dann, wenn ihr Begleiter lieber mit ihr zu Hause bliebe.
Olga Tschechowa

Der Reiz des Haarfärbens liegt darin, daß man zuletzt nicht mehr weiß, welche Farbe man ursprünglich hatte.
Sheila Prescott

Ich kann nicht begreifen, daß eine Frau das Haus verlassen kann, ohne sich hübsch gemacht zu haben. Sie könnte gerade an diesem Tage ihrem Schicksal begegnen.
Coco Chanel

Die Frauen machen sich nur deshalb so hübsch, weil das Auge des Mannes besser entwickelt ist als sein Verstand.
Doris Day

Die Frau von heute spricht mit dem Körper, und viele hören ihr mit den Augen zu.
Raquel Welch

Kosmetik: die Kunst, den Geburtsschein zu dementieren.
Olga Tschechowa

Die wichtigsten Malwerkzeuge der Welt sind keineswegs Pinsel und Palette, sondern Lippenstift und Eyeliner.
Elke Sommer

Frauen benützen Parfüms, weil die Nase leichter zu verführen ist als das Auge.
Jeanne Moreau

Der beste Ansporn für das Schlankbleiben ist das Foto einer dick gewordenen Rivalin.
Debbie Reynolds

Mit den schlanken Frauen geben die Männer an, aber die molligen nehmen sie mit nach Hause.
Régine

Jede Frau möchte lieber schön als klug sein, weil es so viele dumme Männer gibt und so wenige blinde.
Françoise Rosay

Jede Frau kann so schön sein wie vor zehn Jahren, nur dauert es ein bißchen länger.
Olga Tschechowa

Im Tierreich sind die Männchen schöner als die Weibchen. Diesen Fehler hat Gott beim Menschen korrigiert.
Claudia Bini

Schönheit: ein Geschenk für einige Jahre, aber kein Lebensinhalt.
Lil Dagover

Die Schönheit brauchen wir Frauen, damit die Männer uns lieben; die Dummheit, damit wir die Männer lieben.
Coco Chanel

Die Männer beteuern immer, sie lieben die innere Schönheit bei der Frau – komischerweise gucken sie aber immer ganz woanders hin.
Marlene Dietrich

Drei Blicke werfen die Frauen in den Spiegel. Mit dem ersten sehen sie sich selber, mit dem zweiten mit den Augen ihres Mannes, mit dem dritten mit den Augen der Rivalin.
Anonym

DIE MODEBEWUSSTE Frau

Dekolleté: jener schmale Grat, auf dem der gute Geschmack balanciert, ohne herunterzufallen. *Coco Chanel*

– das Kunststück, so ausgezogen zu sein, daß man immer noch für angezogen gilt. *Jeanne Moreau*

Zwei Dinge wird ein Mann niemals verstehen: das Geheimnis der Schöpfung und den Hut seiner Frau.
Coco Chanel

Keine Frau trägt gern ein Kleid, das eine andere abgelegt hat. Bei Männern ist sie nicht so wählerisch. *Françoise Sagan*

Frauen, die schon im Kleid alles zeigen, haben nichts mehr, worauf sie den Mann neugierig machen können.
Raquel Welch

Man darf anders denken als seine Zeit, aber man darf sich nicht anders kleiden. *Marie von Ebner-Eschenbach*

Eine Frau ist nie dieselbe in verschiedenen Kleidern.
Karin Michaelis

Maxi ist schön nur mit einem möglichst großen Schlitz, sonst vergessen die Männer am Ende, wie ein Frauenbein aussieht. *Sofia Loren*

Der Maxirock mußte kommen, weil sich auf dem kurzen Abschnitt zwischen Schulter und Schenkel nicht mehr viel Mode abspielen konnte. *Catherine Deneuve*

Mode: ein Diktat, das wie eine Empfehlung aussieht.
Senta Berger

– ein Befehl, den sich die Frauen wünschen. *Senta Berger*

– die bereitwillige Bejahung der rätselhaften Tatsache, daß heute etwas schön ist, was gestern häßlich gewesen ist und was morgen unerträglich sein wird. *Senta Berger*

– jener seltsame Vorgang, bei dem allen plötzlich etwas gefällt, was ihnen gestern noch nicht gefallen hat und was ihnen morgen nicht mehr gefallen wird. *Margot Hielscher*

Wenn man bedenkt, daß die Mode mit einem Feigenblatt begonnen hat, sind wir schon fast wieder am Anfang.
Claudia Cardinale

Wenn man bedenkt, daß bereits Eva eine Art Tanga getragen hat, sind die Fortschritte der Mode nicht gerade überwältigend.
Mireille Darc

Sobald eine Mode allgemein geworden ist, hat sie sich überlebt.
Marie von Ebner-Eschenbach

Nichts ist so gefährlich wie das Allzumodernsein. Man gerät in Gefahr, plötzlich aus der Mode zu kommen.
Marie von Ebner-Eschenbach

Mode muß nicht schön sein, es genügt, daß sie neu ist.
Uschi Glas

Mode ist eine seltsame Sache. Die Modeschöpfer können Fehler machen, so viele sie wollen. Es finden sich immer Millionen Frauen, die dafür zahlen.
Barbra Streisand

Ein Mann kann sich an eine häßliche Frau gewöhnen, aber nie an eine nachlässige.
Coco Chanel

Die meisten Frauen wählen ihr Nachthemd mit mehr Verstand als ihren Mann.
Coco Chanel

Hinter jeder Frau im Nerz steht eine andere, die darüber witzelt, wo sie ihn her hat.
Inge Meysel

»Oben ohne« ist der törichte Versuch, den Männern zuerst die Auflösung zu zeigen und dann das Rätsel.
Luitgard Im

Der Pullover einer Frau sitzt richtig, wenn die Männer nicht mehr atmen können.
Zsa Zsa Gabor

Die Modeschöpfer behandeln den Rock wie einen Theatervorhang: sie heben und senken ihn, ganz wie es ihnen paßt.
Sofia Loren

Die Schuhe der Frauen müßten so beschaffen sein, daß man davonlaufen kann – man hat ja manchmal Grund dazu.
Alice Schwarzer

Ich bin gegen funktionelle Unterwäsche. Ein Dessous muß nicht praktisch sein, sondern reizvoll.
Catherine Deneuve

Eine zugeknöpfte Frau ist interessanter als eine reißverschlossene. Man sollte den Männern wieder Gelegenheit zum Aufknöpfen geben.
Senta Berger

DIE HAUSFRAU

Die Menschen sollten sich an den Pinguinen ein Beispiel nehmen. Dort erfolgt die Arbeitsteilung grundsätzlich zugunsten des weiblichen Partners. *Mary Scott*

Das schwache Geschlecht ist es, das Einmachgläser so fest verschließt, daß das starke sie nicht mehr öffnen kann. *Anonym*

Viele Männer glauben, daß »Ist das Essen fertig?« zu rufen das gleiche bedeutet wie »Ich liebe Dich«. *Phyllis Schlaffly*

Hausarbeit ist Menschenarbeit und nicht Frauenarbeit. *Alice Schwarzer*

»Welche Eigenschaften muß eine gute Hausfrau haben?« Prämierte Antwort: »Sie muß Kochen, Spülen und Staubsaugen zum Hobby ihres Mannes machen.«
Frage in einem Preisausschreiben eines schwedischen Frauen-Magazins

Die Hausfrau auf und nieder wischt, sie tut's für nischt und wieder nischt.
Brigitte Mohr

Zur Familie gehörten ursprünglich auch die Sklaven. Später nannte man sie Hausfrauen.
Gerlind Fischer-Diehl

Kaum zu glauben, daß sich viele Frauen nach einem Mann sehnen, der sie von ihren acht Stunden Büroarbeit erlöst, damit sie vierzehn Stunden im Haushalt arbeiten können.
Anonym

Vor der Ehe wird ganz schön geschwindelt. Ich habe gesagt, ich könne kochen, und mein Verlobter hat geantwortet, das sei ihm ganz egal.
Eine junge Frau

Die erste Aufgabe einer jungen Ehefrau besteht darin, die Freunde ihres Mannes in die Flucht zu kochen.
Micheline Presle

Wenn ein Mann kocht, wird das Kochen als eine wichtige Aktivität betrachtet. Wenn Frauen kochen, ist es einfach nur Hausarbeit.
Margaret Mead

Wenn ein Mann dir von den Kochkünsten seiner Mutter vorschwärmt, hör nicht hin. Ein Junge zwischen zwölf und 21 Jahren kann Unmengen essen, ohne je etwas zu schmecken.
Sarah Tyson Rorer

Die ideale Ehefrau kennt alle Lieblingsspeisen ihres Mannes – und alle Restaurants, in denen man sie bekommt. *Laura Antonelli*

Jeder weiß: der Weg zum Herzen eines Mannes geht nicht durch den Magen. Das wäre viel zu hoch gezielt. *Kathryn Lee*

Es ist meistens leichter, mit einem Mann auszukommen als mit seinem Geld. *Ingrid van Bergen*

Wirtschaftsgeld: etwas, womit eine Frau nur auszukommen versucht, um ihrem Mann zu beweisen, daß es unmöglich ist. *Marianne Koch*

WAS FRAUEN
von Männern unterscheidet

Für die Frau ist das Auto ein Mittel zum Zweck. Für den Mann ist das Auto ein Zweck, für den ihm manchmal die Mittel fehlen.
Joan Pitchfield

Für eine Frau ist ein Auto kein Ersatzgeliebter. Für eine Frau ist ein Auto ein Auto.
Elke Sommer

Es ist ja keineswegs so, daß die Frauen die besseren Menschen sind, sondern sie hatten nur bisher nicht so viel Gelegenheit, sich die Hände schmutzig zu machen.
Alice Schwarzer

Brüllt ein Mann, ist er dynamisch. Brüllt eine Frau ist sie hysterisch.
Hildegard Knef

Wie lächerlich gering ist der Unterschied zwischen Mann und Frau: von achtundvierzig Chromosomen unterscheidet sich nur eines.
Germaine Greer

Der Mann denkt beim Anfang schon an das Ende. Die Frau erinnert sich am Ende noch an den Anfang.
Micheline Presle

Frauen geben Fehler leichter zu als Männer. Deshalb sieht es so aus, als machten sie mehr.
Gina Lollobrigida

Abgesehen von den Geschlechtsorganen, den sekundären Geschlechtsmerkmalen und den Eigenheiten des Orgasmus gibt es keine wirklichen Unterschiede zwischen Mann und Frau.
Kate Millett

Die ideale Frau gibt es ebensowenig wie den idealen Mann, bloß ein bißchen öfter.
Vanessa Redgrave

Ich ärgere mich über Feministinnen, die ständig aussaunen, Frauen seien klüger als Männer. Natürlich stimmt das, aber man muß es geheimhalten, weil es sonst das Geschäft verdirbt.
Anita Loos

Frauen möchten in der Liebe Romane erleben, Männer nur Kurzgeschichten.
Daphne du Maurier

Manchmal beschleicht mich der böse Verdacht, Frauen seien die besseren Menschen als Männer.
Eleonora Duse

Frauen sind mutiger als Männer. Wenn die Männer Kinder zur Welt bringen müßten, wäre die Menschheit schon ausgestorben.
Thérése Lafarque

Mir tun die Männer leid. Sie haben mehr Probleme als die Frauen. Vor allem müssen sie mit Frauen konkurrieren.
Françoise Sagan

Die Männer haben oft recht, aber die Frauen behalten recht – das ist viel wichtiger.
Jeanne Moreau

Was wäre geschehen, wenn Shakespeare eine wunderbar begabte Schwester gehabt hätte, ebenso abenteuerlustig, ebenso phantasievoll, ebenso begierig, die Welt zu sehen wie er? Aber sie wurde nicht in die Schule geschickt.
Virginia Woolf

Ein Mädchen, das lieber ein Junge sein möchte, hat noch nicht entdeckt, daß seine Stärke in seiner Schwäche liegt.
Anonym

Eine eitle Frau braucht einen Spiegel. Ein eitler Mann ist sein eigener Spiegel.
Françoise Sagan

Frauen sprechen lieber als Männer. Trotzdem sind sie die schlechteren Redner, weil sie keinen Sinn für Demagogie haben.
Edith Sitwell

Das schwache Geschlecht ist das stärkere wegen der Schwäche des stärkeren für das schwächere.
»Selecta«

Ich sage seit jeher: willst du eine Rede hören, dann wende dich an einen Mann. Willst du Taten sehen, dann geh zu einer Frau.
Margret Thatcher

Männer kann man überreden, Frauen muß man überzeugen.
Barbra Streisand

Frauen sind viel vernünftiger als Männer. Oder haben Sie schon eine Frau erlebt, die einem Mann wegen seiner Beine nachrennt?
Marlene Dietrich

Frauen warten auf die Versuchung, Männer gehen ihr entgegen.
Cathérine Spaak

Wenn ein Mann zurückweicht, weicht er zurück. Eine Frau weicht **nur** zurück, um besser Anlauf nehmen zu können.
Zsa Zsa Gabor

DAS VERHÄLTNIS
der Frauen zu Männern

Die meisten Frauen setzen alles daran, einen Mann zu ändern, und wenn sie ihn dann geändert haben, mögen sie ihn nicht mehr.
Marlene Dietrich

Was nützt die breiteste Schulter, wenn man sich an ihr nicht anlehnen kann?
Gisela Gräfin zu Solms-Wildenfels

Die schwierigste Aufgabe für eine Frau ist es, einem Mann klarzumachen, daß er ohne sie nicht leben kann.
Grethe Weiser

Männer wollen von ihren Frauen bewundert sein – auch wenn es nicht viel zu bewundern gibt.
_{Adele Duttweiler}

Wenn die Männer wüßten, was die Frauen denken, wären sie doppelt so draufgängerisch.
_{Alphonse Karr}

Die berühmte Einfühlungsgabe der Frauen beruht nicht zuletzt auf der großen Durchsichtigkeit der Männer.
_{Françoise Sagan}

Mancher Mann verdankt seinen Erfolg einer Frau, die ihm ständig zur Seite gestanden ist. Noch mehr Männer verdanken ihn aber einer Frau, die sie ständig in die Seite getreten hat.
_{Harriet Bowles}

Wenn eine Frau mit den Kindern nicht fertig wird, fängt sie an, den Mann zu erziehen – irgendein Erfolgserlebnis braucht ja schließlich jeder.
_{Stella Bing}

Eine Frau, die ihres Mannes Fehler nicht liebt, liebt ihn nicht.
_{Sofia Loren}

Jede Frau folgt dem Mann, wohin sie will.
_{Monika Peitsch}

Um mit einem Mann glücklich zu sein, muß man sehr viel Verständnis für ihn aufbringen und ihn außerdem ein wenig gern haben.
_{Helen Rowland}

Der Krieg der Geschlechter findet hauptsächlich in einigen Bestsellern statt, denn davon kann man heutzutage gut leben.
_{Nina Paolucci}

Das Schlimme an den Männern ist, daß sie Angst vor der Leidenschaft haben. Sie lieben mit dem Fuß auf dem Bremspedal – und deshalb wissen sie überhaupt nicht, was Leidenschaft ist.
_{Brigitte Bardot}

Daß die Frauen das letzte Wort haben, beruht hauptsächlich darauf, daß den Männern nichts mehr einfällt.
Hanne Wieder

Geizige Männer schenken einen Lippenstift, weil sie sich ihn nach und nach zurückholen können.
Zsa Zsa Gabor

Betont eine Frau allzusehr, ein wie guter Mensch er ist, dann will sie damit sagen, daß sie ihn für einen schlechten Liebhaber hält.
Berta Hof

An der Seite vieler Männer kann sich die Frau maximal den Rang eines Möbelstücks erarbeiten.
Amelie Fried

Die Frau liebt die Schwäche des Starken mehr als seine Stärke, die Dummheit des Gescheiten mehr als seine Gescheitheit.
Shirley MacLaine

Ich verstehe nicht, warum sich die Männer über einen Seitensprung ihrer Frau aufregen, sie sollten doch stolz darauf sein, daß ihre Frau auch noch anderen Männern gefällt.
Maud Brinkley

Frauen würden sich leichter damit abfinden, daß ihr Mann später nach Hause kommt, wenn sie sich wirklich darauf verlassen könnten, daß er nicht früher da ist.
Colette

Kluge Männer sollten niemals tanzen, denn dabei haben die Mädchen Gelegenheit, wieder nüchtern zu werden.
Lil Dagover

Nach einem Wochenende mit einem Mann sehen viele Frauen traurig aus, weil etwas passiert ist. Aber noch mehr Frauen sehen traurig aus, weil nichts passiert ist.
Colette

Fast jede Frau wäre gern treu. Schwierig ist es bloß, den Mann zu finden, dem man treu sein kann.
Marlene Dietrich

Viele Frauen wünschen sich einen unbeugsamen Mann – den sie dann bequem um den Finger wickeln können.
Edith Hancke

Wenn Frauen unergründlich erscheinen, liegt das meist an dem geringen Tiefgang der Männer.
Katherine Hepburn

Frauen lassen einen Mann nur deshalb warten, weil sie damit seine Vorfreude vergrößern wollen.
Hannelore Elsner

Jemand hat einmal ein Buch veröffentlicht unter dem Titel »Was Männer über Frauen wissen«. Das Buch hatte nur weiße Seiten.
Lisa Vaugh

Jeder Mann wünscht sich eine Frau, die seine Anständigkeit und seine höheren Gefühle anspricht – und eine andere, die ihm hilft, all das wieder zu vergessen.
Helen Rowland

Eine Frau wird immer tun, was ihr Mann wünscht, sofern der Mann errät, was sie sich wünscht.
Liz Taylor

Wenn eine Frau die Zärtlichkeit rationiert, geht der Mann auf den schwarzen Markt.
Senta Berger

DAS VERHÄLTNIS
der Frauen zu Frauen

Nur eine Frau ist imstande, eine andere Frau mit mikroskopisch genauer Achtlosigkeit zu betrachten.
Marlene Dietrich

Männer meiden ihre Feinde, Frauen trinken mit ihren Feindinnen Tee.
Anicée Alvina

Eine Frau ist erledigt, wenn sie Angst vor ihrer Rivalin hat.
Madame Dubarry

Wenn zwei schöne Frauen nebeneinander sitzen, zieht es.
Marlene Dietrich

Die Frauen haben gelernt, die Stärke der Männer zu bewundern. Die Stärke anderer Frauen ist ihnen verdächtig.
Alice Schwarzer

Eine Frau kann jederzeit hundert Männer täuschen, aber nicht eine einzige Frau.
Michele Morgan

Wenn Frauen einander umarmen, dann ist das so ehrlich gemeint wie die Begrüßung der Boxer im Ring.
Annemarie Düringer

MUTTER
und Kind

Jede Aufklärung beginnt damit, daß man der eigenen Tochter einigermaßen glaubhaft erklären muß, warum man ihren Vater geheiratet hat.
Michelle Bandrioux

Wenn ein junges Mädchen Besuch von einem jungen Mann bekommt, dann stört die Mutter des Mädchens nicht der Lärm, sondern die Stille.
Vivian Cox

Zum Zustandekommen einer Ehe gehören selbstverständlich zwei Personen, nämlich die Braut und ihr Mutter.
Joey Adams

Mütter erwarten von ihren Töchtern das Beste und das Schlimmste zugleich, so behalten sie immer recht.
Vicki Baum

Ein Mann ist entbehrlich, ein Kind nicht.
Juliette Gréco

Wenn die Männer die Kinder kriegen müßten, dann hätte jeder nur eins.
Prinzessin Diana

Als Mutter kann man seinen Töchtern nur den Rat geben: mißtraut den Männern von 18 bis 80 Jahren.
Helga Dierichs

In der Technik heißt das, was die ganze Arbeit macht, ohne daß man einen Finger zu rühren braucht, Automation. Als Kind hat man es Mutter genannt.
Anonym

Kein Mensch ist für seinen Vater verantwortlich. Das ist einzig und allein Sache seiner Mutter.
Margaret Turnbull

Mütter lieben Töchter, aber Söhne noch viel mehr. *Anonym*

Sexaufklärung in der Schule ist eine gute Sache. Aus den Hausaufgaben meiner Tochter habe ich schon mehr gelernt als von meinem Mann in fünfzehn Ehejahren.
Aus dem Leserbrief einer englischen Ehefrau

Das Kind hat den Verstand **meistens vom Vater, weil die Mutter ihren noch besitzt.** *Adele Sandrock*

MÄNNER

Adam: der erste Entwurf für Eva. *Jeanne Moreau*

Männer sind mit ihrem Beruf verheiratet, aber eine Frau sollte wenigstens erreichen können, daß der Mann seinen Beruf mit ihr betrügt. *Diana Pinkwood*

Seitdem Energiesparen modern ist, sparen die Männer Energie vor allem im Bett. *Leserbrief einer Engländerin*

Ehemänner, die sich morgens nach dem Rasieren um mehrere Jahre jünger fühlen, sollten sich den Bart vor dem Zubettgehen abnehmen. *Solange Lesueur*

Ehemänner sind wie Eiskunstläufer: die Kür liegt ihnen mehr als die Pflicht, und am liebsten haben sie das Kurzprogramm. *Pat Mellies*

Man muß unterscheiden zwischen Ehemännern und verheirateten Junggesellen. *Maureen Kelly*

Es muß einer schon ein sehr guter Ehemann sein, daß er besser ist als gar keiner. *Isotta*

Mancher Ehemann sollte öfter in den Spiegel schauen, dann würde er erkennen, daß seine Frau ihn trotzdem geheiratet hat. *Linda Spear*

Den idealen Ehemann erkennt man vor allem daran, daß er mit einer anderen Frau verheiratet ist. *Faye Dunaway*

Eine Zeitung hat auch etwas Gutes: man sieht den Kopf des Ehemannes beim Frühstück nicht.
Danielle Michaux

Wenn ein Mann mit seinen Erfolgen bei Frauen angibt, hat er sie nicht.
Karin Eickelbaum

Männer, die sich auf ihre Eroberungen etwas einbilden, ahnen in den seltensten Fällen, wie oft sie selbst erobert worden sind.
Jeanne Moreau

Die Männer sind im Grunde faul. Wenn alle Frauen Jobs hätten, würden die Männer zu Hause bleiben, Bier trinken und sich Fernsehprogramme anschauen.
Gracia Patricia von Monaco

Gentleman: ein Mann, in dessen Gesellschaft die Frauen zu blühen beginnen.
Jeanne Moreau

Der Mann ändert eher das Antlitz der Erde als seine Gewohnheiten.
Eleonora Duse

Die Männer können Waffen bauen, um die Welt zu zerstören, aber sie können nicht einmal ihre eigenen Hemden bügeln.
Petra Kelly

Ein Mann, der Hosenträger bevorzugt, mag ein guter Familienvater sein, ein feuriger Liebhaber ist er bestimmt nicht.
Vivien Price

Der schönste Mann der Welt taugt nichts, wenn er keinen Sinn für Humor hat.
Madonna

Ein Mann interessiert sich im allgemeinen mehr für eine Frau, die sich für ihn interessiert, als für eine Frau mit schönen Beinen.
Marlene Dietrich

Junggesellen: Männer, die lieber suchen als finden.
Caterina Valente

Ein Mann stiehlt den ersten Kuß, bittet um den zweiten, verlangt den dritten, nimmt sich den vierten, akzeptiert den fünften und erduldet alle weiteren.
Helen Rowland

Die Parole »Ladies first« haben die Männer wahrscheinlich beim Treppensteigen erfunden.
Jane Fonda

Männer sind wie Luft, zwar verdorben, aber unentbehrlich.
Michelle Pfeiffer

Männer: die schönste Nebensache der Welt.
Christie Hefner

Natürlich muß man die Männer nehmen, wie sie sind. Aber man darf sie nicht so sein lassen.
Zsa Zsa Gabor

Die richtigen Männer sind entweder schon verheiratet oder sie arbeiten zu viel.
Juliette Gréco

Mann: ein notwendiges Übel, wobei die Betonung mehr auf Übel als auf notwendig liegt.
Yvette Collins

Mann am Steuer: ein Pfau, der sein Rad in der Hand hält.
Anna Magnani

Der ideale Mann: der Mann, von dem alle Frauen träumen und den keine kennt.
Anna Magnani

Den idealen Mann gibt es nur aus der Ferne.
Vivien Leigh

Unter Nächstenliebe verstehen viele Männer die Liebe zur nächsten Frau.
Erika Pluhar

Ein Mann ist dann eine starke Persönlichkeit, wenn er eine Sekunde zögert, bevor er seiner Frau immer recht gibt.
Gloria Thompson

Man respektiert einen Mann wegen seiner Stärke, aber lieben kann man ihn nur wegen seiner Schwächen.
Laetitia Bonaparte

Die Männer haben nur deshalb ihre führenden Positionen erreichen können, weil sie durch keine Schwangerschaft behindert worden sind.
Anna Magnani

Der Unterschied zwischen einem Knaben und einem Mann ist gar nicht so groß – er besteht meist nur in der Preisdifferenz ihrer Spielsachen.
Cynthia Warren

Die Männer sind ungerecht: sie sehen immer nur den Baum, gegen den eine Frau gefahren ist – aber die vielen Bäume, die sie nicht einmal gestreift hat, die sehen sie nicht.
Lisa Gastoni

Männer werden generell überschätzt.
Maren Kroymann

SEX

Das Übel mit den Männern ist, daß sie sich am Morgen um zehn Jahre jünger fühlen und am Abend um zwanzig Jahre älter.
Carmen Ortiz

Sag mir, Schatz, wie magst du dein Ei morgens am liebsten? – Unbefruchtet!
Dong Mulray

Keine Frau bemüht sich um Erotik, solange sich die Männer ausreichend darum bekümmern.
Françoise Sagan

Trotzdem behaupte ich, nichts facht die Leidenschaft einer Frau so sehr an wie ein Liebhaber, der sich in ihren Armen als impotent erweist.
Helga Königsdorf

Das ist schon schrecklich: ich weiß nicht, ob man Klitoris auf dem i oder auf dem o betont, und er sucht schon zwanzig Jahre danach und findet sie nicht.
Karen Arthur

Beim Liebesspiel ist es wie beim Autofahren: die Frauen bevorzugen die Umleitung, die Männer die Abkürzung.
Jeanne Moreau

Nachhilfeunterricht für erotisch Unbegabte ist so sinnvoll wie ein Flugblatt für Analphabeten.
Mary Wendell

Nein: orales Verhütungsmittel.
Joan Vichers

Was ist ein Orgasmus, Mama? – Ich weiß es nicht, frag Deinen Vater.
Liz Mackie

Zur Potenz des Mannes muß man heutzutage die PS-Zahl seines Wagens hinzurechnen.
Mary Saunders

Sex: Zuneigung im Klartext.
Helga Anders

– die Kunst, Erwartungen zu wecken, die gar nicht geschlafen haben.
Senta Berger

Sex ist nicht eine Sache der Kurven, sondern der Ausstrahlung. Männer wittern den Sex-Appeal auch dann, wenn er in einen Sack eingenäht ist.
Elga Andersen

Beim Sex herrscht Damenwahl, obwohl die Männer vom Gegenteil überzeugt sind.
Uta Levka

Alle Männer haben nur zwei Dinge im Sinn. Geld ist das eine.
Jeanne Moreau

Sex ist anders als Business. Man darf nicht alles, was man hat, sofort ins Schaufenster stellen.
Raquel Welch

Sex-Appeal: die Kunst, die Männer auf das neugierig zu machen, was sie ohnehin kennen.
Zsa Zsa Gabor

– etwas, was man zu 50 Prozent wirklich und zu 50 Prozent nur in den Augen der Leute hat.
Sofia Loren

Der Sex-Appeal des Mannes besteht aus Macht, Geld und einem herben Parfüm – in dieser Reihenfolge.
Vivian Mellish

Nichts ist an einem Mann so sexy wie Talent. Ein Mann erobert eine Frau vor allem durch seine Begabung.
Joan Plowright

Wenn man das erotische Verhalten der Männer heute betrachtet, ist durchaus denkbar, daß Frauen eines Tages auch einen Computer lieben könnten, der Unterschied wäre nicht groß.
Anna Magnani

Was ist bei Männern das Vorspiel? Die Frage: bist Du wach, Schatz?
Anonym

DIE VERLIEBTE Frau

Wenn es darauf ankommt, in den Augen einer Frau zu lesen, sind die meisten Männer Analphabeten.
Heidelinde Weis

Flirt: Training mit dem Unrichtigen für den Richtigen.
Françoise Sagan

– Männer laufen einer Frau nach, die längst hinter ihnen her ist.
Colette

– ein Versuch, mit dem Feuer zu spielen, ohne welches zu fangen.
Maria Perschy

Ein Flirt ist wie ein Tablette: niemand kann die Nebenwirkungen genau voraussagen.
Catherine Deneuve

Die Einladung zum Flirt wird mit den Augen geschrieben.
Jeanne Moreau

Flirten: die Kunst, einen Mann, der einem nahesteht, auf Distanz zu halten.
Sabina Sesselmann

Beim Flirten sollte man immer darauf achten, daß der Bremsweg verhältnismäßig lang ist.
Ingrid Steeger

Verliebte Frauen haben die Gabe, Worte zu hören, die gar nicht gesagt worden sind.
Isa Miranda

Es gehört Erfahrung dazu, wie eine Anfängerin zu küssen.
Zza Zsa Gabor

Die erste Liebe ist selten mehr als ein Appetitanreger, obwohl man sie anfangs für eine Hauptmahlzeit hält.
Michèle Morgan

Wenn der Mensch verliebt ist, zeigt er sich so, wie er immer sein sollte.
Simone de Beauvoir

Wenn man verliebt ist, ist jedes Wetter wunderbar.
Margaret Millar

DER HEIRATS-
antrag

Das Schwierigste für eine junge Dame liegt darin, einen Mann davon zu überzeugen, daß er ernste Absichten hat.
Helen Rowland

Es ist nicht so sehr die Frage, ob man sich für einen Mann entscheiden soll oder nicht – es ist die Frage, was man nun mit all den anderen tun soll.
Patricia Henley

Wenn die Mädchen darauf warten wollten, bis die jungen Männer zu einem Entschluß kommen, würde die Menschheit bald aussterben.
Brigitte Bardot

Die Männer halten zwar um unsere Hand an, aber ich vermute, die Schlingel meinen etwas ganz anderes.
Helen Vita

Heiratsantrag: das größte Kompliment, das ein Mann einer Frau machen kann. Leider ist es meist auch das letzte.
Grethe Weiser

Jawohl, Frauen sind anders geartet! Schon lange, bevor ein Mann mit seinem Heiratsantrag zu Ende gekommen ist, hat sie im Geiste jedes einzelne Zimmer der Wohnung, die sie gemeinsam bewohnen werden, bis ins letzte Detail möbliert.
Anonym

Wenn ein Mann der umworbenen Frau versichert, er sei ihrer nicht würdig, dann hat er meistens recht damit.
Jeanne Moreau

LIEBE

Erfolg in der Liebe besteht nicht so sehr im Heiraten des einen, der uns glücklich macht, als im Vermeiden der vielen, die uns unglücklich machen können.
Anonym

Zwei Dinge gibt es, die eine liebende Frau nicht vergibt: Müdigkeit und Geschäfte.
Alphonse Karr

Freundschaft: so etwas wie Liebe mit Verstand.
Sabine Sauer

Liebe: eine Komposition, bei der die Pausen genauso wichtig sind wie die Musik.
Senta Berger

– ein Käfig mit Gitterstäben aus Glück.
Claudia Cardinale

– ein Spiel zu zweit, bei dem beide gewinnen können.
Eva Gabor

– das einzige, was wächst, indem wir es verschwenden.
Ricarda Huch

– im Grunde eine chemische Reaktion. Aber es macht Spaß, nach der Formel zu suchen.
Hildegard Knef

– jener seltsame Zustand, den alle belächeln, bevor sie von ihm befallen werden.
Virna Lisi

– nicht ein, sondern das einzige Mittel, um glücklich zu werden.
Françoise Sagan

– die wunderbare Gabe, einen Menschen so zu sehen, wie er nicht ist.
Hannelore Schroth

Liebe ist wie die spanischen Herbergen: man bekommt, was man mitbringt.
Comtesse d'Agoult

Für die partnerschaftliche Beziehung gibt es einen einfachen Test: wenn einem die Treue Spaß macht, dann ist es Liebe.
Julie Andrews

Die Anfänger in der Liebe erkennt man daran, daß sie nicht aufhören können.
Kim Basinger

Die Liebe nimmt alle Gedanken aus einem Kopf und ersetzt sie durch einen einzigen. Aber das arme Opfer hält sich auch noch für bereichert.
Ilona Bodden

In der Liebe ist die Eroberung von der Kapitulation kaum zu unterscheiden.
Marlene Dietrich

Über die Liebe lächelt man nur solange, bis sie einen selber erwischt hat.
Eleonora Duse

Liebe hat nichts damit zu tun, was man bekommen möchte – sondern nur mit dem, was man selbst geben will.
Katherine Hepburn

In der Liebe verbindet der moderne Mann die Gefühlswärme eines Computers mit der Behutsamkeit eines Jumbo Jet.
Anna Magnani

Die Liebe zu einem Mann ist wie ein Salto mortale – sieht toll aus, ganz ohne Anstrengungen, und verlangt doch viel Energie.
Sunnyi Melles

Liebe wächst und blüht. Warum sollte sie nicht auch welken wie alles andere auf Erden? *Jeanne Moreau*

Erste Liebe: ein Versprechen, das andere halten werden. *Senta Berger*

Keineswegs ungewöhnlich ist die ewige Liebe für drei Wochen, vor allem im Urlaub. *Françoise Hardy*

Eine große Liebe läßt sich durch die Wirklichkeit des Geliebten nicht stören. *Hannah Arendt*

An Rheumatismus und an wahre Liebe glaubt man erst, wenn man davon befallen wird. *Marie von Ebner-Eschenbach*

Wahre Liebe ist heutzutage, wenn der junge Ehemann ißt, was die junge Ehefrau kocht. *Etienne Lagarde*

Lieben: alle Fehler und Unzulänglichkeiten des anderen kennen und sich nichts aus ihnen machen. *Dorothy Dix*

Es ist besser, zweimal zuviel zu lieben als einmal zuwenig. *Jeanne Moreau*

Man liebt einen Menschen nicht wegen seiner Stärke, sondern wegen seiner Schwächen. *Tilla Durieux*

Man kann eine Liebesbeziehung nicht abrechnen wie ein Dirigent eine Passage abklopft, obwohl viele das heutzutage tun. *Zarah Leander*

In Liebesdingen kann jede Frau schneller zuhören, als der Mann zu sprechen vermag. *Helen Rowland*

EHE

In der Ehe sind schlagfertige Antworten eine todsichere Rettung – vor allem dann, wenn man darauf verzichtet.
Sonja Ziemann

Ehe: das beste aller Übel.
Daliah Lavi

– eine Bühne, auf der alle Tage das gleiche Stück gespielt wird. Um so mehr sollten sich die Männer ab und zu einmal eine Neuinszenierung einfallen lassen.
Suzanne Leduc

– die schönste Sache von der Welt, wenn es mehr Kür und weniger Pflicht gäbe.
Jeanne Moreau

– ein Buch, dessen erstes Kapitel aus Poesie besteht, die folgenden sind Prosa.
Beverly Nichols

Die Ehe funktioniert am besten, wenn beide Partner ein bißchen unverheiratet bleiben.
Claudia Cardinale

Zur Ehe gehört schon ein bißchen mehr als Liebe.
Faye Dunaway

Wer stärker liebt, ist in der Ehe immer der Schwächere.
Eleonora Duse

Die Ehe ist ein viel zu interessantes Experiment, um es nur einmal zu versuchen.
Rita Hayworth

Ein englischer Richter, und kein zynischer Verfasser von Kriminalgeschichten, bemerkte in einem berühmten und ungelösten Fall von Gattenmord, daß man nach einem Motiv gar nicht zu suchen brauche, die Ehe selbst sei bereits ein Motiv.
Mary Hottinger

Glück in der Ehe setzt viele kleine Aufmerksamkeiten und manchmal eine große Unaufmerksamkeit voraus.
Inge Meysel

Ein Fifty-fifty in der Ehe gibt es nicht. Einer hat immer die Oberhand.
Lilli Palmer

Alle Probleme der Ehe rühren daher, daß die Frau einen Zugvogel an das Haus gewöhnen soll.
Liselotte Pulver

Manche Ehe gilt nur deshalb als gut, weil beide Partner ungewöhnlich begabte Schauspieler sind.
Vanessa Redgrave

Das Band, das eine Ehe zusammenhält, ist unsichtbar, aber man hört, wenn es reißt.
Luise Rinser

Ein Mann braucht 25 Jahre, um sich an die Ehe zu gewöhnen. Es ist ein Wunder, daß die Frauen so viel Geduld aufbringen, um darauf zu warten.
Jane Thornton

Es gibt nur ein Rezept gegen die langweilige Ehe: die wilde Ehe.
Lisa Fitz

Es sind nicht die schlechtesten Ehen, wenn ein Blitz mit einem Blitzableiter verheiratet ist.
Tilla Durieux

Manche Ehen sind ein Zustand, in dem zwei Leute es weder mit noch ohne einander längere Zeit aushalten können.
Marie von Ebner-Eschenbach

Wenn die Ehefrau einen Autounfall hatte, sprechen neunzig Prozent der Männer zuerst vom Auto.
Helen Catchwood

Glückliche Ehen sind sehr selten – aber glückliche Ehehälften findet man sehr oft.
Marianne Hoppe

Frauen, die rechtzeitig erkennen, daß man einen Mann nicht erziehen kann, ersparen sich den halben Kummer ihres Ehelebens.
Michèle Morgan

Ehemänner wären bessere Männer, wenn sie beim Anblick einer schönen Frau nicht immer gleich vergessen würden, daß sie verheiratet sind.
Zsa Zsa Gabor

Niemand verdient es, zwei außergewöhnliche Ehepartner zu haben. Wenn man Glück hat, ist es der zweite. Wenn man Pech hat, war es der erste.
Jeanne Moreau

Flitterwochen: das, was man heutzutage schon hinter sich hat, wenn man heiratet.
Mary McCarthy

Die Flitterwochen sind vorüber, wenn man zum ersten Male gähnt, ohne müde zu sein. *Helen Rowland*

Ich wollte nur ein Kind kriegen – keines heiraten. *Anonym*

Für eine Frau kommt es nicht darauf an, den ersten besten zu heiraten, sondern den Besten zuerst zu heiraten. *Marcelene Cox*

Ob zwei Leute gut getan haben, einander zu heiraten, kann man bei ihrer Silbernen Hochzeit noch nicht wissen. *Marie von Ebner-Eschenbach*

Mit dem Heiraten sollte man warten, bis der Richtige kommt. Die meisten Mädchen wählen ihren Ehemann mit weniger Sorgfalt als einen Gebrauchtwagen. *Julia McKenzie*

Wenn wir heiraten, übernehmen wir ein versiegeltes Schreiben, dessen Inhalt wir erst erfahren, wenn wir auf hoher See sind. *Lilli Palmer*

Hin und wieder verlieren junge Mädchen ihren besten Freund, indem sie ihn heiraten. *Françoise Sagan*

Eine Frau heiratet das erste Mal aus Liebe, das zweite Mal aus Geselligkeit, das dritte Mal aus Berechnung und von da ab aus Gewohnheit. *Helen Rowland*

Wenn ein Mädchen heiratet, tauscht es die Aufmerksamkeiten vieler Männer gegen die Unaufmerksamkeit eines einzigen ein. *Helen Rowland*

Jeder Mann muß, darüber sollte sich eine Frau klar sein, erst einmal zu einem Ehemann entwickelt werden. Was eine Frau heiratet, ist ein Junggeselle, der momentan das Junggesellendasein satt hat. *Sabine Sanders*

Es ist das Ziel jeder Frau, den Mann zu dem zu machen, was er vor der Hochzeit zu sein behauptet hatte.
Micheline Presle

Alle Männer sind auf der Suche nach der idealen Frau – vor allem nach der Hochzeit.
Helen Rowland

Vor der Hochzeit liegt mancher Mann die halbe Nacht wach um nachzudenken, was die Dame gesagt hat. Nach der Hochzeit ist er manchmal schon eingeschlafen, bevor sie ausgeredet hat.
Helen Rowland

Früher hat man eine einzige lange Hochzeitsreise mit dem Mann seines Lebens gemacht. Heute macht man mehrere kürzere mit verschiedenen Männern.
Golda Meir

Es ist schlimm, wenn zwei Eheleute einander langweilen. Viel schlimmer jedoch ist es, wenn nur einer von ihnen den anderen langweilt.
Marie von Ebner-Eschenbach

Glücklich verheiratet kann man nur dann sein, wenn man getrennt voneinander lebt. *Shirley MacLaine*

Für eine gute Ehe gibt es einen sehr einfachen Maßstab: man ist dann glücklich verheiratet, wenn man lieber heimkommt als fortfährt. *Luise Ullrich*

In drei Fällen sollte eine verheiratete Frau stutzig werden: wenn ihr Mann plötzlich den Hosenträger durch einen Gürtel ersetzt, wenn er die Deodorant-Dosis verdoppelt, wenn er die Wohnungstür ölt. *Hedy Labone*

Eine Vernunftehe schließen heißt in den meisten Fällen, alle seine Vernunft zusammenzunehmen, um die wahnsinnigste Handlung zu begehen, die ein Mensch begehen kann. *Marie von Ebner-Eschenbach*

Es ist besser, gelegentlich betrogen zu werden, als niemandem mehr zu vertrauen. *Astrid Lindgren*

Manche Frauen sind nur deshalb nicht Feuer und Flamme, weil sie mit einem Feuerlöscher verheiratet sind.
Senta Berger

Viele, von denen man glaubt, sie seien verstorben, sind bloß verheiratet. *Françoise Sagan*

Viele Männer wären gern verheiratet – nur nicht vierundzwanzig Stunden täglich. *Ursula Herking*

SCHEIDUNG

Eine geschiedene Frau: eine Frau die geheiratet hat, um nicht mehr arbeiten zu müssen, und jetzt arbeitet, um nicht mehr heiraten zu müssen. *Anna Magnani*

Das wahre Gesicht eines Mannes erblickt man erst dann, wenn man mit ihm bricht. *Diane Keaton*

Ich habe nichts gegen die Scheidung. Das muß jeder selbst mit sich abmachen. Aber mit einem neuen Partner ändert sich nur wenig. Also bleibt man lieber gleich beim alten. *Giuletta Masina*

Der Mann weiß nicht, wie er Schluß machen soll. Die Frau weiß nicht, wann sie Schluß machen soll. *Helen Rowland*

Viele Frauen heiraten, weil sie des Alleinseins müde sind, aber viele lassen sich deshalb auch scheiden. *Hanne Wieder*

DAS ALTER
der Frau

Kluge Frauen verstehen es, den Abschied von der Jugend auf mehrere Jahrzehnte zu verteilen. *Françoise Rosay*

Ich verstehe nicht, warum so viele Frauen darunter leiden, daß sie schon wieder ein Jahr älter geworden sind. Nicht mehr ein Jahr älter zu werden – das wäre die Katastrophe. *Liv Ullmann*

Es kommt nicht darauf an, wie alt man wird, sondern wie man alt wird. *Heidi Kabel*

Was heißt schon für uns Frauen, mit Anstand alt zu werden? Lieber unanständig jung bleiben! *Olga Tschechowa*

Es ist doch so mit dem Alter: die Männer kriegen Charakterköpfe und die Frauen Runzeln. *Vilma Degischer*

Alter schützt vor Liebe nicht, aber Liebe schützt bis in einen gewissen Grad vor Alter. *Jeanne Moreau*

Frauen fürchten nicht das Alter. Sie fürchten nur die Meinung der Männer über alte Frauen. *Jeanne Moreau*

Es gibt keinen Antiquitäten-Fan, dessen Vorliebe für das Alter sich auch auf Frauen erstrecken würde. *Micheline Presle*

Es gibt ein Alter, in dem eine Frau schön sein muß, um geliebt zu werden. Und dann kommt das Alter, in dem sie geliebt werden muß, um schön zu sein. *Françoise Sagan*

Alternde Frauen sollten bedenken, daß ein Apfel nichts von seinem Wohlgeschmack verliert, wenn ein paar Fältchen die Schale kräuseln. *Auguste Brizeux*

Alternde Menschen sind wie Museen. Nicht auf die Fassade kommt es an, sondern auf die Schätze im Innern. *Jeanne Moreau*

Gott ist leider nicht galant. Sonst hätte er uns die Falten an die Fußsohlen gemacht und nicht ins Gesicht. *Ninon de Lenclos*

Der Gipfel der Ungerechtigkeit: Falten machen einen Mann männlicher, eine Frau älter. *Jeanne Moreau*

Die zehn schönsten Jahre im Leben einer Frau sind die zwischen achtundzwanzig und dreißig. *Myrna Loy*

NACH-WORTE

Die Phantasie der Männer reicht bei weitem nicht aus, um die Realität Frau zu begreifen.
Anna Magnani

Ohne Frauen geht es nicht, das hat sogar Gott einsehen müssen.
Eleonora Duse

Frauen, diskutiert miteinander, hasset einander, seid niederträchtig zueinander, versucht, euch gegenseitig auszustechen – aber niemals dürft ihr vergessen: euer Gegner ist der Mann.
Michèle Maurois

Was ich mit meinem Mann gemeinsam habe? Wir haben am selben Tag geheiratet.
Anonym

Wenn du jemand kennenlernst, der kochen und den Haushalt führen kann, dann fackle nicht lange – heirate ihn.
Anonym

Wissen Sie, warum Gott den Frauen den Sinn für Humor vorenthalten hat? Damit wir Euch lieben, anstatt über Euch zu lachen.
Mrs. Patrick Campbell